ANDRÉ DEL SARTO

DRAME EN DEUX ACTES ET EN PROSE

PAR

ALFRED DE MUSSET

PARIS

CHARPENTIER, LIBRAIRE-ÉDITEUR

19, RUE DE LILLE.

—

1851

ANDRÉ DEL SARTO

CHEZ LE MÊME ÉDITEUR.

PIÈCES DE M. ALFRED DE MUSSET

Représentées sur la scène

ET QUI SE VENDENT SÉPARÉMENT.

UN CAPRICE, comédie en 1 acte.
IL NE FAUT JURER DE RIEN, comédie en 3 actes.
IL FAUT QU'UNE PORTE SOIT OUVERTE OU FERMÉE, en 1 acte.
LOUISON, comédie en 2 actes et en vers.
LES CAPRICES DE MARIANNE, comédie en 2 actes
BETTINE, comédie en 1 acte.
LE CHANDELIER, comédie en 3 actes.

Chacune de ces pièces se vend UN franc.

Paris.—Imp. de G. GRATIOT, 11, rue de la Monnaie.

ANDRÉ DEL SARTO

DRAME EN DEUX ACTES ET EN PROSE

PAR

ALFRED DE MUSSET

Représenté au théâtre de l'Odéon (second Théâtre Français)
le mardi 21 octobre 1850.

PARIS

CHARPENTIER, LIBRAIRE-ÉDITEUR

19, RUE DE LILLE.

1851

ANDRÉ DEL SARTO.

PERSONNAGES	ACTEURS
ANDRÉ DEL SARTO,	MM. TISSERANT.
CORDIANI,	MARTEL.
DAMIEN,	HARVILLE.
LIONEL,	FLEURET.
GRÉMIO,	ROGER.
MATHURIN,	TALIN.
CÉSARIO,	MM^{lles} BILHAUD.
LUCRÈCE,	SIONA-LÉVY.
SPINETTE,	JEANNE-ANAÏS.

La scène se passe à Florence.

ANDRÉ DEL SARTO

ACTE PREMIER.

Le théâtre représente une cour. — A gauche du public un pavillon au premier plan. — Au deuxième plan, un mur avec une fenêtre et un balcon. — A droite, un jardin, au fond, un mur avec une grille. — Il fait nuit.

SCÈNE PREMIÈRE.

GRÉMIO SEUL, un trousseau de clefs à la main.

Je crois que j'ai dormi cette nuit un peu plus longtemps que de coutume ; non, l'aurore commence à peine à paraître ; tout repose dans cette maison ; il n'est pas temps encore d'ouvrir les portes. Était-ce un rêve que je faisais? Il m'a semblé, en vérité, que j'entendais du bruit dans la cour ; à l'heure qu'il est, c'est singulier.

(Cordiani enveloppé d'un manteau et masqué descend de la fenêtre de gauche.)

CORDIANI, sur le balcon et s'adressant à une personne qu'on ne voit pas.

Dans une heure! par la porte du jardin (*descendant* dans une heure et à toujours !

GRÉMIO.
Qu'ai-je entendu? Arrête, qui que tu sois !
CORDIANI.
Laisse-moi passer, ou je te tue !
(Il le frappe et s'enfuit dans le jardin.)
GRÉMIO, seul.
Au meurtre! au voleur! Mathurin! au secours !

SCÈNE II.

GRÉMIO, DAMIEN, puis CORDIANI.

DAMIEN, entrant.
Qu'est-ce? qu'as-tu à crier, Grémio?
GRÉMIO.
Il y a un voleur dans le jardin, venez avec moi, monsieur, je vous prie, il ne saurait nous échapper; tout est fermé.
DAMIEN.
Vieux fou! tu te seras grisé !
GRÉMIO.
De cette fenêtre, monsieur, de la fenêtre de madame Lucrèce, je l'ai vu descendre. Ah! je suis blessé! il m'a frappé au bras de son stylet.
DAMIEN.
Tu veux rire? ton pourpoint est à peine déchiré. Quel conte viens-tu faire, Grémio? Qui diable veux-tu avoir vu descendre de la fenêtre de Lucrèce à cette heure-ci? Sais-tu, sot que tu es, qu'il ne ferait pas bon l'aller redire à son mari?

GRÉMIO.

Je l'ai vu comme je vous vois, et j'ai entendu quelques mots...

DAMIEN.

Tu as bu, Grémio, tu vois double.

GRÉMIO.

Double! Je n'en ai vu qu'un.

DAMIEN.

Pourquoi réveilles-tu une maison entière, et une maison comme celle-ci, pleine de jeunes gens, de valets? T'a-t-on payé pour imaginer ce mauvais roman sur le compte de la femme de mon meilleur ami? Tu cries au voleur, et tu prétends qu'on a sauté par la fenêtre? Es-tu fou ou es-tu payé? Dis, réponds, que je t'entende.

GRÉMIO.

Mon Dieu! mon Dieu! je l'ai vu, en vérité de Dieu je l'ai vu; que vous ai-je fait? Je l'ai vu.

DAMIEN.

Écoute, Grémio... Prends cette bourse, elle est peut-être moins lourde que celle qu'on t'a donnée pour inventer cette histoire-là. Va-t'en boire à ma santé; tu sais que je suis l'ami de ton maître, n'est-ce pas? je ne suis pas un voleur, moi, je ne suis pas de moitié dans le vol qu'on lui ferait... Tu me connais depuis dix ans, comme je connais André... Eh bien! Grémio, pas un mot là-dessus, pas un mot, entends-tu, ou je te fais chasser de la maison. Va, Grémio, rentre chez toi, mon vieux camarade, que tout cela soit oublié.

GRÉMIO.

Je l'ai vu, mon Dieu, sur ma tête, sur celle de mon père!
Je l'ai vu, bien vu!

Il rentre.

DAMIEN seul, s'avance vers le jardin et appelle.

Cordiani! Cordiani!

Cordiani paraît.

Insensé! en es-tu venu là? André, ton ami, le mien, le pauvre André!

CORDIANI.

Elle m'aime, ô Damien, elle m'aime! que vas-tu me dire? Je suis heureux, regarde-moi, elle m'aime!

DAMIEN.

Et cet homme qui te surprend! à quoi penses-tu? Et André, André, Cordiani?

CORDIANI.

Que sais-je? je puis être coupable, tu peux avoir raison; nous en parlerons demain;... un jour... plus tard;... laisse-moi être heureux.

DAMIEN.

Tu peux être coupable, dis-tu? et tu brises comme une paille un lien de vingt-cinq années! tu peux être coupable... et l'homme qui te voit sortir crie au meurtre!

CORDIANI.

Ah! mon ami, qu'elle est belle!

DAMIEN.

Insensé! insensé!

CORDIANI.

Si tu savais quelle région j'habite! comme le son de sa voix seulement éveille en moi une vie nouvelle! Damien, les poëtes se sont trompés. Est-ce l'esprit du mal qui est l'ange déchu? C'est celui de l'amour qui, après la création, ne voulut pas quitter la terre, et, tandis que ses frères remontaient au ciel, laissa tomber ses ailes d'or en poudre aux pieds de la beauté qu'il avait créée.

DAMIEN.

Je te parlerai dans un autre moment; le soleil se lève; tout à l'heure quelqu'un viendra s'asseoir aussi sur ce banc; il posera comme toi ses mains sur son visage, et ce ne sont pas des larmes de joie qu'il cachera.

CORDIANI.

Tout à l'heure, je n'y serai plus.

DAMIEN.

Que veux-tu dire?

CORDIANI.

Rien, rien, tu le sauras bientôt.

DAMIEN.

Explique-toi; tu parles comme en délire! que veux-tu faire? à quoi songes-tu?

CORDIANI.

Je pense au coin obscur de mon atelier où je me suis assis tant de fois regrettant ma journée; je pense à Florence qui s'éveille, aux promenades, aux passants qui se croisent, au monde où j'ai erré vingt ans comme un spectre sans sépulture, à ces rues désertes où je me plongeais au sein des nuits, poussé par quelque dessein sinistre; j'ouvre les bras, et je vois passer les fantômes des femmes que j'ai cru aimer, mes plaisirs, mes peines, mes espérances! Ah! mon ami, comme tout est foudroyé! comme tout ce qui fermentait en moi s'est réuni en une seule pensée : n'aimer qu'elle! c'est ainsi que mille insectes épars dans la poussière viennent se réunir dans un rayon de soleil !

DAMIEN.

Que veux-tu que je te dise? Un amour comme le tien n'a pas d'ami.

CORDIANI.

Qu'ai-je eu dans le cœur jusqu'à présent? Dieu merci ! je n'ai jamais cherché ni la science, ni la fortune ; j'ai vécu de mon pinceau, de mon travail ; mais mon travail n'a nourri que mon corps ; mon âme a gardé sa faim céleste ; Dieu merci, je n'ai jamais aimé ; mon cœur n'était à rien jusqu'à ce qu'il fût à elle.

DAMIEN.

Comment te dire ce qui se passe dans mon âme? Ne m'es-tu pas aussi cher que lui?

CORDIANI.

Et maintenant qu'assis à ma table je laisse couler comme de douces larmes les vers insensés qui lui parlent de mon amour, et que je crois sentir derrière moi son fantôme charmant s'incliner sur mon épaule pour les lire ; maintenant que j'ai un nom sur les lèvres, ô mon ami ! quel est l'homme ici-bas qui n'a pas vu apparaître cent fois, mille fois dans ses rêves, un être adoré, fait pour lui, devant vivre pour lui? Eh bien, quand, un seul jour au monde, on devrait rencontrer cet être, le serrer dans ses bras et mourir?

DAMIEN.

Tout ce que je puis te répondre, Cordiani, c'est que ton bonheur m'épouvante !

CORDIANI.

Que veut dire cela? Crois-tu que je l'aie séduite? qu'elle ait réfléchi et que j'aie réfléchi? Depuis un an je la vois tous les jours, je lui parle et elle me répond ; je fais un geste, et elle me comprend ; elle se met au clavecin, elle chante, et moi, les lèvres entr'ouvertes, je regarde une longue larme s'échapper de ses yeux ; pourquoi ne m'aimerait-elle pas?

DAMIEN.

Pourquoi? tu le demandes?

CORDIANI.

Silence! j'aime et je suis aimé. Je ne veux rien analyser, rien savoir ; il n'y a d'heureux que les enfants qui cueillent un fruit et le portent à leurs lèvres sans penser à autre chose, sinon qu'ils l'aiment et qu'il est a portée de leurs mains.

DAMIEN.

Sophisme! sophisme d'un cœur qui s'aveugle!

CORDIANI.

Non! non! toi que voilà, Damien, depuis combien de temps m'as-tu vu l'aimer? Qu'as-tu à dire à présent, toi qui es resté muet, toi qui as vu pendant une année chaque battement de mon cœur, chaque minute de ma vie se détacher de moi pour s'unir à elle! et je suis coupable aujourd'hui? Alors pourquoi suis-je heureux? et que me diras-tu d'ailleurs que je ne me sois dit cent fois à moi-même? Suis-je un libertin sans cœur? Ai-je jamais parlé avec mépris de tous ces mots sacrés qui, depuis que le monde existe, errent sur les lèvres des hommes? Tous les reproches imaginables, je me les suis adressés... et cependant je suis heureux! Le remords, la vengeance hideuse, la triste et muette douleur, tous ces spectres terribles sont venus se présenter au seuil de ma porte ; aucun n'a pu rester debout devant l'amour de Lucrèce!... viens avec moi dans mon atelier ; là, dans une chambre fermée à tous les yeux, j'ai taillé dans le marbre le plus pur l'image adorée de ma maîtresse ; je veux te répondre devant elle ; viens, la cour s'emplit de monde et l'Académie va s'ouvrir.

(Ils sortent à gauche.)

SCÈNE III.

Le jour paraît, les peintres entrent par la grille.

LIONEL, CÉSARIO.

CÉSARIO, entre en chantant.

(*Musique de M. Ancessis.*)

Il se levait de bon matin
Pour se mettre à l'ouvrage,
Le bon gros père Célestin,
Tintaine, tintin.
Il se levait de bon matin,
Comme un coq de village.

DEUXIÈME COUPLET.

Lorsque, pour chanter au lutrin,
Nous manquions de courage,
Le bon gros père Célestin,
Tintaine, tintin,
Il buvait pour nous mettre en train,
C'était là son usage.

SCÈNE III.

TROISIÈME COUPLET.

Quand il mourra le verre en main
    Un jour, vide dans son grand âge,
Le bon gros père Célestin,
    Tintaine, tintin,
Quand il mourra le verre en main,
    Ce sera grand' dommage.

LIONEL.

Le maître est-il levé?

CÉSARIO.

Comme le pape à l'église, toujours le dernier qui arrive, et le premier quand il y est.

LIONEL.

Que d'écoliers autrefois dans cette Académie! Comme on se disputait pour l'un, pour l'autre! Quel événement que l'apparition d'un nouveau tableau! Sous Michel-Ange, les écoles étaient de vrais champs de bataille; aujourd'hui on travaille pour vivre, et les arts deviennent des métiers.

CÉSARIO.

C'est ainsi que tout passe sous le soleil; moi, Michel-Ange m'ennuyait; je suis bien aise qu'il soit mort.

LIONEL.

Quel génie que le sien!

CÉSARIO.

Eh bien, oui, c'est un homme de génie, qu'il nous laisse tranquilles. As-tu vu le portrait du Pontormo?

LIONEL.

Et j'y ai vu le siècle tout entier; un homme incertain entre mille chemins divers, la caricature des grands maîtres, se noyant dans son propre enthousiasme, capable de se retenir, pour s'en tirer, au manteau gothique d'Albert Durer.

CÉSARIO.

Vive le gothique! Si les arts se meurent, l'antiquité ne rajeunira rien; il nous faut du nouveau.

SCÈNE IV.

LIONEL, CÉSARIO, PEINTRES, *etc.*, ANDRÉ DEL SARTO *sortant du pavillon.*

ANDRÉ, à un domestique.

Dites à Grémio de seller deux chevaux, un pour lui et un pour moi; nous allons à la ferme.

CÉSARIO, continuant.

Du nouveau à tout prix, du nouveau! Eh bien! maître, quoi de nouveau ce matin?

ANDRÉ, descendant les marches du pavillon.

Toujours gai, Césario? Tout est nouveau aujourd'hui, mon enfant; la verdure, le soleil et les fleurs, tout sera encore nouveau demain; il n'y a que l'homme qui se fasse vieux, tout se fait plus jeune autour de lui chaque jour. Bonjour, Lionel; levé de si bonne heure, mon vieil ami?

CÉSARIO.

Alors les jeunes peintres ont donc raison de demander du neuf, puisque la nature elle-même en veut pour elle, et en donne à tous.

LIONEL.

Songes-tu à qui tu parles?

SCÈNE IV.

ANDRÉ.

Ah! ah! déjà en train de discuter? La discussion, mes bons amis, est une terre stérile, croyez-moi ; c'est elle qui tue tout : moins de préfaces et plus de livres. Vous êtes peintres, mes enfants ; que votre bouche soit muette, et que votre main parle pour vous. Écoute-moi cependant, Césario. La nature veut toujours être nouvelle, c'est vrai ; mais elle reste toujours la même. Es-tu de ceux qui souhaiteraient qu'elle changeât la couleur de sa robe, et que les bois se colorassent en bleu ou en rouge? Ce n'est pas ainsi qu'elle l'entend. A côté d'une fleur fanée naît une fleur toute semblable, et des milliers de familles se reconnaissent sous la rosée aux premiers rayons du soleil ; chaque matin, l'ange de vie et de mort apporte à la mère commune une nouvelle parure, mais toutes ces parures se ressemblent ; que les arts tâchent de faire comme elle, puisqu'ils ne sont rien qu'en l'imitant ; que chaque siècle voie de nouvelles mœurs, de nouveaux costumes, de nouvelles pensées, mais que le génie soit invariable comme la beauté ; que de jeunes mains pleines de force et de vie reçoivent avec respect le flambeau sacré des mains tremblantes des vieillards ; qu'ils la protégent contre le souffle des vents, cette flamme divine qui traversera les siècles futurs, comme elle a fait les siècles passés! Retiendras-tu cela, Césario? Et maintenant, va travailler ; à l'ouvrage! à l'ouvrage! la vie est si courte!... (*A Lionel.*) Nous vieillissons, mon pauvre ami ; la jeunesse ne veut plus guère de nous ; je ne sais si c'est que le siècle est un nouveau-né ou un vieillard tombé en enfance.

LIONEL.

Morbleu! il ne faut pas que vos nouveaux venus m'échauffent par trop les oreilles; je finirai par garder mon épée pour travailler.

ANDRÉ.

Te voilà bien avec tes coups de rapière, brave Lionel; le temps des épées est passé en Italie... Allons, allons, mon vieux, laissons dire les bavards et tâchons d'être de notre temps jusqu'à ce qu'on nous enterre. (*A Damien qui entre.*) Eh bien! mon cher Damien, Cordiani vient-il?

DAMIEN.

Je ne crois pas qu'il vienne aujourd'hui.

ANDRÉ.

Est-ce qu'il est malade?

DAMIEN.

Je le pense.

ANDRÉ.

Malade, lui! Je l'ai vu hier soir, il ne l'était point. Sérieusement malade? Allons chez lui. Que peut-il avoir?

DAMIEN.

N'allez pas chez lui, il ne saurait vous recevoir; il s'est enfermé pour toute la journée.

ANDRÉ.

Oh! non pas pour moi. Allons, Damien.

DAMIEN.

Sérieusement, il veut être seul.

ANDRÉ.

Seul! et malade! tu m'effrayes... lui est-il arrivé quelque chose? une dispute? un duel? Violent comme il est!... Ah! mon Dieu! Mais qu'est-ce donc? il ne m'a rien fait dire.

Pardonnez-moi, mes amis (*Aux peintres qui sont restés et qui l'attendent*); mais, vous le savez, c'est mon ami d'enfance, c'est mon meilleur, mon plus fidèle compagnon.

DAMIEN.

Rassurez-vous, il ne lui est rien arrivé...

ANDRÉ.

Dieu le veuille! Dieu le veuille! Ah! que de prières j'ai adressées au ciel pour la conservation d'une vie si chère!... Vous le dirai-je, ô mes amis! dans ces temps de décadence où la mort de Michel-Ange nous a laissés, c'est en lui que j'ai mis mon espoir; c'est un cœur chaud, et un bon cœur; la Providence ne laisse pas s'égarer de telles facultés! Que de fois, assis derrière lui, tandis qu'il parcourait du haut en bas son échelle, une palette à la main, j'ai senti se gonfler ma poitrine... j'ai étendu les bras, prêt à le serrer sur mon cœur, à baiser ce front si jeune et si ouvert d'où le génie rayonnait de toutes parts! Quelle facilité! quel enthousiasme! mais quel sévère et cordial amour de la vérité! Que de fois j'ai pensé avec délices qu'il était plus jeune que moi! Je regardais tristement mes pauvres ouvrages et je m'adressais en moi-même aux siècles futurs : Voilà tout ce que j'ai pu faire, leur disais-je, mais je vous lègue mon ami!

MATHURIN, entrant.

Monseigneur, un homme est là qui vous demande.

ANDRÉ.

Qu'est-ce? qu'y a-t-il?

MATHURIN.

C'est un homme en longue robe, avec des cheveux gris; vous l'avez, dit-il, fait demander hier.

ANDRÉ.

J'y vais. (*A Damien.*) Mais il n'a rien de grave, n'est-ce pas?

GRÉMIO, entrant.

Les chevaux sont prêts, monseigneur.

ANDRÉ.

Dans un instant : attends-moi, Grémio. (*A Damien.*) Et nous le verrons demain? Viens donc dîner avec nous, et si tu vois Lucrèce, dis-lui que je vais à la ferme et que je reviens. Vous allez à l'atelier, n'est-ce pas? A tantôt, mes amis.

(Il sort par le pavillon, les autres personnages par le fond à gauche.)

SCÈNE V.

GRÉMIO SEUL.

Hum! hum! je l'ai bien vu pourtant... Quel intérêt M. Damien peut-il avoir à me dire le contraire? Il faut cependant qu'il en ait un, puisqu'il m'a donné... (*Il compte dans sa main.*) quatre... cinq... six... Diable! il y a quelque chose là-dessous... non, certainement, pour un voleur, ce n'en était pas un... j'avais bien une autre idée, mais... ah! mais, c'est là qu'il faut s'arrêter. Tais-toi, me suis-je dit, Grémio, holà, mon vieux, point de ceci... cela serait drôle à penser!... penser n'est rien, qu'est-ce qu'on en voit?... on pense ce qu'on veut... Et on dira ce qu'on voudra, j'ai entendu distinctement une voix de femme sur le balcon. Il m'est avis que c'est Spinette la camériste, et quelle autre qu'elle pouvait être là, sinon sa maîtresse elle-même? bon! quelle apparence!... Cependant une fenêtre ne s'ouvre pas toute seule, et comment Spinette aurait-elle reconduit voleur ou amant par ce chemin-là?... Ai-je entendu ou non ces paroles : « Dans une heure et à toujours!... » Hé! oui, je les ai entendues.

SCÈNE VI.

GRÉMIO, ANDRÉ.

ANDRÉ.

Eh bien! sommes-nous prêts?

GRÉMIO.

Mathurin est là qui tient les chevaux.

ANDRÉ.

Dis-lui qu'il les mène à la grille, et qu'on attende.

SCÈNE VII.

ANDRÉ seul, *s'asseyant*.

Point d'argent de ce juif! des supplications continuelles et point d'argent! que dirai-je quand les envoyés du roi de France... Ah! André, pauvre André! Comment peux-tu prononcer ce mot-là? des monceaux d'or entre tes mains; la plus belle mission qu'un roi ait jamais confiée à un homme, cent chefs-d'œuvre à rapporter, cent artistes pauvres et souffrants à guérir, à enrichir! le rôle d'un bon ange à jouer! les bénédictions de la patrie à recevoir, et, après tout cela, avoir peuplé un palais d'ouvrages magnifiques, et rallumé le feu sacré des arts prêt à s'éteindre à Florence! André, comme tu te serais mis à genoux de bon cœur au chevet de ton lit le jour où tu aurais rendu fidèlement tes comptes! Et c'est François Ier qui te les demande! lui, le chevalier sans reproche, l'honnête homme aussi bien que l'homme généreux! lui, le protecteur des arts, le père d'un siècle aussi beau que l'antiquité! Il s'est fié à toi, et tu l'as trompé! tu l'as volé, André! car cela s'appelle ainsi, ne t'abuse pas là-dessus... Où est passé cet argent? des bijoux pour ta femme... des plaisirs, des fêtes plus tristes que l'ennui... (*Il se lève.*) Songes-tu à cela, André? Tu es déshonoré! Aujourd'hui te voilà respecté, chéri de tes élèves, aimé d'un ange... O Lucrèce! Lucrèce!... demain la fable de Florence!... Car enfin, il faut bien que tôt ou tard ces comptes terribles... Oh! mon Dieu! Et ma femme elle-même n'en sait rien! Ah! voilà ce que c'est que de manquer de caractère... que faisait-elle de mal en me demandant ce qui lui plaisait? Et moi, je le lui donnais parce qu'elle me le demandait, rien de plus : faiblesse maudite! pas une réflexion!... à quoi tient donc l'honneur? Ah! s'il s'agissait d'entrer la nuit chez un grand seigneur, de briser un coffre-fort et de s'enfuir, cela est horrible à penser... impossible... mais quand l'argent est là, entre vos mains, qu'on n'a qu'à y puiser, que la pauvreté vous talonne, non pas pour vous, mais pour Lucrèce! mon seul bien ici-bas, ma seule joie, un amour de dix ans! Et quand on se dit qu'après tout, avec un peu de travail, on pourra remplacer... oui, remplacer!... le portique de l'Annonciade m'a valu un sac de blé! — Grémio! Grémio!

SCÈNE VIII.
ANDRÉ, GRÉMIO.

GRÉMIO.

Nous partirons quand vous voudrez.

ANDRÉ.

Qu'as-tu, Grémio ? Je te regardais arranger ces brides ; tu te sers aujourd'hui de ta main gauche.

GRÉMIO.

De ma main ?... Ah ! ah ! je sais ce que c'est ; plaise à Votre Excellence, j'ai le bras droit un peu blessé... Oh ! pas grand'chose, mais je me fais vieux, et dame ! de mon temps... j'aurais dit...

ANDRÉ.

Tu es blessé, dis-tu ?... qui t'a blessé ?

GRÉMIO.

Ah ! voilà le difficile... qui ? personne... Et cependant je suis blessé. Oh ! ce n'est pas à dire qu'on puisse se plaindre en conscience...

ANDRÉ.

Personne ? Toi-même apparemment.

GRÉMIO.

Non pas, non pas ; où serait le fin sans cela ? personne, et moi moins que tout autre.

ANDRÉ.

Si tu veux rire, tu prends mal ton temps ; montons à cheval et partons.

ACTE I.

GRÉMIO.

Ainsi soit-il! Ce que j'en disais n'était point pour vous fâcher, encore moins pour rire; aussi bien riait-il fort peu ce matin quand il me l'a donné en courant.

ANDRÉ.

Qui? que veut dire cela? qui te l'a donné! Tu as un air de mystère singulier, Grémio.

GRÉMIO.

Ma foi, au fait, écoutez. Vous êtes mon maître, on aura beau dire, cela doit se savoir; et, qui le saurait, si ce n'est vous? Voilà l'histoire. J'avais entendu du bruit ce matin dans la cour, je me suis levé, et j'ai vu descendre un homme de la fenêtre.

ANDRÉ.

De quelle fenêtre?

GRÉMIO.

Un homme à qui j'ai crié de s'arrêter; j'ai cru naturellement que c'était un voleur; et donc, au lieu de s'arrêter, vous voyez à mon bras; c'est un stylet qui m'a effleuré.

ANDRÉ.

De quelle fenêtre, Grémio?

GRÉMIO.

Ah! voilà encore... Dame, écoutez, puisque j'ai commencé... c'était de la fenêtre de madame Lucrèce.

ANDRÉ.

De Lucrèce?

GRÉMIO.

Oui, monsieur.

SCÈNE VIII.

ANDRÉ.

C'est singulier.

GRÉMIO.

Bref, il s'est enfui dans le jardin ; j'ai bien appelé et crié au voleur, mais là-dessus, voilà le fin : M. Damien est arrivé, qui m'a dit que je me trompais, que lui le savait mieux que moi ; enfin, il m'a donné une bourse pour me taire.

ANDRÉ.

Damien ?

GRÉMIO.

Oui, monsieur, la voilà.

ANDRÉ.

De la fenêtre de Lucrèce !... Damien l'a donc vu, cet homme ?

GRÉMIO.

Non, monsieur, il est sorti comme j'appelais.

ANDRÉ.

Comment était-il ?

GRÉMIO.

Qui ? M. Damien ?

ANDRÉ.

Non, l'autre.

GRÉMIO.

Oh ! ma foi, je ne l'ai guère vu.

ANDRÉ.

Cela est étrange... et Damien t'a défendu d'en parler ?

GRÉMIO.

Sous peine d'être chassé par vous.

ANDRÉ.

Chassé par moi!... Il s'est enfui, dis-tu, dans le jardin?... Était-il seul, cet homme?

GRÉMIO.

Seul? oui, dans le jardin, mais pas à la fenêtre.

ANDRÉ.

Comment? Achève de t'expliquer.

GRÉMIO.

Mais, monseigneur...

ANDRÉ.

Je te l'ordonne.

GRÉMIO.

Eh bien! monseigneur, quand l'homme est sorti, quelqu'un était sur le balcon, et ils ont échangé quelques mots.

ANDRÉ.

Qu'as-tu entendu?

GRÉMIO.

Quatre mots seulement : l'homme a fait un signe d'adieu, et il a dit : « Dans une heure, et à toujours. »

ANDRÉ.

Dans une heure?

GRÉMIO.

Et à toujours!...

ANDRÉ.

Dans une heure!.. (*A part.*) et l'on savait ici que je devais aller à la ferme peut-être pour toute la journée... C'est donc de mon absence que l'on voulait profiter... Dieu juste! (*Haut*). Tu n'en as pas entendu davantage?

SCÈNE VIII.

GRÉMIO.

Non, que je sache... Ah! j'oubliais... on a ajouté : « Venez par la porte du jardin. »

ANDRÉ.

Par la porte...

GRÉMIO.

Du jardin... mais je ne crois pas qu'on voulût parler de celle-ci, c'est plutôt l'autre, je suppose, la petite porte qui donne sur le derrière de la maison.

ANDRÉ.

Écoute, Grémio : Va dire à Mathurin qu'il ramène les chevaux, et que nous sortirons plus tard; après quoi, tu iras à cette petite porte, et tu y resteras, mais caché, tu entends? Prends ton épée, et si, par hasard, quelqu'un essayait... tu me comprends, appelle à haute voix, ne te laisse pas intimider, je serai là; qui que ce soit, arrête-le.

GRÉMIO.

Qui que ce soit, monseigneur? Il pourrait arriver...

ANDRÉ.

Qui que ce soit... J'irais bien moi-même, mais il faut qu'on me croie sorti, et j'en chargerais bien un autre que toi, mais je crois savoir ce que c'est... C'est de peu d'importance, vois-tu? une bagatelle!... quelque plaisanterie!... Et tu n'as pas vu son visage?

GRÉMIO.

Il avait un masque.

ANDRÉ.

J'en parlerai à Cordiani... Ainsi donc, c'est convenu, Grémio... n'aie aucune peur, je te le dis : c'est une pure bagatelle; tu as très bien fait de me le dire... Je ne voudrais pas qu'un autre que toi le sût, et c'est pour cela que je te charge... As-tu vu comment il était vêtu?

GRÉMIO.

Il avait un manteau; il s'est sauvé si vite..., et puis le coup de stylet...

ANDRÉ.

Tu ne connais pas la voix?

GRÉMIO.

Peut-être, je ne sais pas; tout a été l'affaire d'un instant.

ANDRÉ.

C'est incroyable! allons, fais ce que je t'ai dit : il faudra que j'en parle à Cordiani... Tu es sûr de la fenêtre?

GRÉMIO.

Très sûr.

ANDRÉ.

Oui, à Cordiani, et d'abord à Damien. Dis que je suis sorti seul, n'oublie pas cela. Va, mon ami. — C'est bien étrange.

(Il sort.)

SCÈNE IX.

GRÉMIO SEUL.

Oui, c'est étrange, et je savais bien que mon maître m'écouterait; cet argent de M. Damien ne me semble ni clair ni bien gagné... Patience! nous saurons cela. Voici madame Lucrèce, je vais à mon poste.

SCÈNE X.

LUCRÈCE, SPINETTE, GRÉMIO.

LUCRÈCE.

Où est ton maître, Grémio?

GRÉMIO.

Je pense, madame, qu'il est à la ferme.

LUCRÈCE.

Ne devais-tu pas l'accompagner?

GRÉMIO.

Il m'a ordonné de rester ici.

LUCRÈCE.

Il est sorti seul?

GRÉMIO.

Oui, madame.

(Il sort.)

SCÈNE XI.

LUCRÈCE, SPINETTE.

LUCRÈCE.

Ainsi je ne le verrai plus.

SPINETTE.

Est-ce bien possible, ma chère maîtresse? vous m'avez

confié votre dessein, je vous vois prête à l'exécuter, et malgré moi je ne puis y croire.

LUCRÈCE.

Tout à l'heure tu y croiras.

SPINETTE.

Il ne m'appartient pas de vous en dissuader, je n'ai que le droit d'en souffrir, et je suis aussi incapable d'oser vous blâmer que de vous trahir... Mais y avez-vous bien réfléchi?

LUCRÈCE.

Non, et c'est pourquoi je le ferai.

SPINETTE.

Quitter une maison, une famille... briser en un jour tous les liens d'une vie si belle et si heureuse!...

LUCRÈCE.

Si heureuse!...

SPINETTE.

Vous l'étiez, madame.

LUCRÈCE.

Maintenant, je ne le serai plus. Oui, Spinette, je vais, dans un instant, quitter, comme tu dis, une famille, une maison... Je vais perdre mon nom, mon rang, ma fortune, et le premier des biens, l'honneur! je vais partir avec Cordiani; qui commet la faute en porte la peine! mais lui, qui pourrait l'en punir? Ce n'est pas lui qu'on peut accuser. Il n'a prononcé aucun serment sur la terre, il n'a pas trahi une épouse; il n'a rien fait qu'aimer, et qu'être aimé.

SPINETTE.

Vous cherchiez tout à l'heure monseigneur André.

SCÈNE XI.

LUCRÈCE.

Oui, je voulais le voir une dernière fois.

SPINETTE.

Plût au ciel que vous l'eussiez vu!

LUCRÈCE.

Que veux-tu dire? Penses-tu que ma résolution puisse être ébranlée? André m'est cher, mais je ne sais ni tromper ni aimer à demi.

SPINETTE.

Que de larmes vont couler, madame!

LUCRÈCE.

Comptes-tu donc pour rien les miennes? Crois-tu qu'on perde, sans souffrir, son repos et son avenir? Toi qui lis dans mon cœur comme dans le tien, toi pour qui ma vie est un livre ouvert dont tu connais toutes les pages, crois-tu qu'on puisse renoncer sans regrets à dix ans d'innocence et de tranquillité?

SPINETTE.

Que je vous plains!

LUCRÈCE.

Silence, l'heure sonne! Il va venir, Spinette, peut-être m'attend-il déjà. Tu me suivras; tout est il préparé?

SPINETTE.

Où allez-vous?

LUCRÈCE.

Où il voudra. Mes cheveux sont-ils en désordre? Ne suis-je point pâle? Insensée que je suis d'avoir pleuré!... Il vient, il vient, ma chère!... suis-je belle? lui plairai-je ainsi?

SCÈNE XII.

ANDRÉ, LUCRÈCE, SPINETTE.

ANDRÉ.

Bonjour, Lucrèce. Vous ne m'attendiez pas à cette heure, n'est-il pas vrai? que je ne vous importune pas, c'est tout ce que je désire. Dites-moi, de grâce, allez-vous rentrer dans votre appartement? j'attendrais, pour vous voir, le moment du dîner.

LUCRÈCE.

Non, en vérité.

ANDRÉ.

Les instants que nous passons ensemble sont si courts et si rares! et ils me sont si chers!... Vous seule au monde, Lucrèce, me consolez du chagrin qui m'obsède... Ah! si je vous perdais!... tout mon courage, toute ma philosophie sont dans vos yeux...

LUCRÈCE.

Avez-vous quelque sujet de tristesse, mon ami?... Vous étiez gai hier, il m'a semblé?

ANDRÉ.

La gaieté est quelquefois triste, et la mélancolie a le sourire sur les lèvres.

LUCRÈCE.

Vous n'êtes pas allé à la ferme? A propos, il y a une lettr. pour vous; les envoyés du roi de France doivent venir demain.

SCÈNE XIII.

ANDRÉ.

Demain!... Ils viennent demain?

LUCRÈCE.

L'apprenez-vous comme une fâcheuse nouvelle? Alors, on pourrait vous dire éloigné de Florence, malade... en tout cas, ils ne vous verraient pas.

ANDRÉ.

Pourquoi?... je les recevrai avec plaisir... Ne suis-je pas prêt à rendre mes comptes? (*On entend un cri étouffé dans le jardin, et des pas précipités*). Que veut dire ce bruit? Qu'y-a-t-il?

SCÈNE XIII.

LUCRÈCE, SPINETTE, ANDRÉ, CORDIANI *dans le plus grand désordre.*

ANDRÉ.

Qu'as-tu, Cordiani? qui t'amène? que signifie ce désordre? que t'est-il arrivé? Tu es pâle comme la mort.

LUCRÈCE, bas à Spinette.

Ah! je suis morte!

ANDRÉ.

Réponds-moi, qui t'amène? As-tu une querelle? faut-il te servir de second? au nom du ciel, parle! Tu es comme une statue.

CORDIANI.

Non, non... je venais te parler... te dire... en vérité, je venais... je ne sais...

ANDRÉ.

Qu'as-tu donc fait de ton épée? par le ciel! il se passe en

toi quelque chose d'étrange... Veux-tu que nous allions chez toi? Ne peux-tu parler devant ces femmes? A quoi puis-je t'être bon? réponds ; il n'y a rien que je ne fasse... mon cher ami, doutes-tu de moi?

CORDIANI.

Tu l'as deviné, j'ai eu une querelle... je te cherchais... je suis entré sans savoir pourquoi... on m'a dit que tu étais ici, et je venais... je ne puis parler.

SCÈNE XIV.

Les mêmes, LIONEL, puis MATHURIN.

LIONEL.

Maître! Grémio est assassiné!

ANDRÉ.

Qui dit cela?
(Plusieurs peintres, etc., entrent.)

CÉSARIO.

Oui, maître, on vient de tuer Grémio ! le meurtrier est dans la maison, on l'a vu entrer par la petite porte.
(Cordiani se retire dans la foule.)

ANDRÉ.

Des armes! des armes!... Parcourez le jardin, la maison..., qu'on ferme les portes.

LIONEL.

Il ne peut être loin ; le coup vient d'être fait à l'instant même.

SCÈNE XIV.

ANDRÉ.

Il est mort! mort!... Où est mon épée?... Ah! (*regardant sa main*), c'est singulier, ma main est pleine de sang. D'où me vient ce sang?

LIONEL.

Viens avec nous, maître, je te réponds de le trouver.

ANDRÉ.

D'où me vient ce sang? ma main en est couverte !... je n'ai pourtant touché que... tout à l'heure... Éloignez-vous, sortez d'ici!...

LIONEL.

Qu'as-tu, maître? Pourquoi nous éloigner?

ANDRÉ.

Sortez! sortez! laissez-moi seul! qu'on ne fasse aucune recherche, aucune!... je le défends! Sortez d'ici tous... Obéissez quand je vous parle. (*Tous se retirent en silence. André regardant sa main.*) Pleine de sang! je n'ai touché que la main de Cordiani.

FIN DU PREMIER ACTE.

ACTE DEUXIÈME.

SCÈNE PREMIÈRE.

CORDIANI, MATHURIN.

CORDIANI.

Il veut me parler?

MATHURIN.

Oui, monsieur, sans témoins.

CORDIANI.

Dis-lui donc que je l'attends.

(Mathurin sort. Cordiani s'asseoit sur un banc à droite.)

SCÈNE II.

CORDIANI, DAMIEN, puis LIONEL et CÉSARIO, PEINTRES, etc.

DAMIEN, dans la coulisse.

Cordiani! où est Cordiani?

CORDIANI.

Eh bien! que me veux-tu?

DAMIEN, sortant du pavillon.

Je quitte André, il ne sait rien, ou du moins, rien qui te regarde. Il connaît parfaitement, dit-il, le motif de la mort de Grémio, et n'en accuse personne, toi moins que tout autre.

CORDIANI.

Est-ce là tout ce que tu as à me dire?

DAMIEN.

Oui, c'est à toi de te régler là-dessus.

CORDIANI.

En ce cas, laisse-moi seul.

(Il va se rasseoir; Lionel et Césario passent suivis des peintres, etc.)

LIONEL, arrivant du fond, et descendant la scène.

Conçoit-on rien à cela? nous renvoyer, ne rien vouloir entendre, laisser sans vengeance un pareil coup! ce pauvre vieillard qui le sert depuis son enfance, qui l'a bercé sur ses genoux! Ah! Dieu! si c'était moi, il y aurait d'autre sang que celui-là.

DAMIEN.

Ce n'est pourtant pas un homme comme André qu'on peut accuser de lâcheté.

LIONEL.

Lâcheté ou faiblesse, qu'importe le nom? Quand j'étais jeune, cela ne se passait pas ainsi. Il n'était, certes, pas difficile de trouver l'assassin; et si l'on ne veut pas se compromettre soi-même, par mon patron! on a des amis.

CÉSARIO.

Quant à moi, je quitte la maison; je suis venu ce matin à l'Académie pour la dernière fois. Y viendra qui voudra, je vais chez Pontormo.

LIONEL.

Mauvais cœur que tu es! pour tout l'or du monde, je ne voudrais pas changer de maître.

SCÈNE III.

CÉSARIO.

Bah ! je ne suis pas le seul ; l'atelier est d'une tristesse... Juliette n'y veut plus poser, et comme on rit chez Pontormo ! toute la journée on fait des armes, on boit, on danse ! Adieu, Lionel, au revoir.

Il sort à droite, suivi de tout le monde.

DAMIEN, à Lionel.

Dans quel temps vivons-nous ?

(Voyant entrer André, ils sortent par le fond à gauche.)

SCÈNE III.

CORDIANI, ANDRÉ, *(Cordiani se lève à l'entrée d'André).*

ANDRÉ, sortant du pavillon.

Vois-tu ce stylet, Cordiani ? Si, maintenant, je t'étendais à terre d'un revers de ma main, et si je t'enterrais là, au pied de cet arbre, le monde n'aurait rien à me dire ; j'en ai le droit, et ta vie m'appartient.

CORDIANI.

Tu peux le faire, ami, tu peux le faire.

ANDRÉ.

Crois-tu que ma main tremblerait ? pas plus que la tienne, tout à l'heure, sur la poitrine de mon vieux Grémio. Tu le vois, je le sais, tu me l'as tué ! A quoi t'attends-tu à présent ? penses-tu que je ne sache pas tenir une épée ? es-tu prêt à te battre ? n'est-ce pas là ton devoir et le mien ?

CORDIANI.

Je ferai ce que tu voudras.

ANDRÉ.

Assieds-toi là et écoute-moi. Je suis né pauvre, tu le sais ; le luxe qui m'environne vient de mauvaise source ; c'est un dépôt dont j'ai abusé. Seul parmi tant de peintres illustres, je survis, jeune encore, au siècle de Raphaël, et je vois de jour en jour tout s'écrouler autour de moi. Rome et Venise sont encore florissantes, notre patrie n'est plus rien. Je lutte en vain contre les ténèbres, le flambeau sacré s'éteint dans ma main ; crois-tu que ce soit peu de chose pour un homme qui a vécu de son art vingt ans que de le voir tomber ?.. Mes ateliers sont déserts, ma réputation est perdue, je n'ai point d'enfants, point d'espérance qui me rattache à la vie ; ma santé est faible, et le vent de la peste qui souffle de l'Orient me fait trembler comme une feuille. Dis-moi, que me restait-il au monde ? S'il m'arrivait, dans mes nuits d'insomnie, de me poser un poignard sur le cœur, dis-moi, qui a pu me retenir jusqu'à ce jour ?

CORDIANI.

N'achève pas, André !

ANDRÉ.

Je l'aimais d'un amour indéfinissable ! pour elle j'aurais lutté contre une armée ; j'aurais bêché la terre et traîné la charrue pour ajouter une perle à ses cheveux. Ce vol que j'ai commis, ce dépôt du roi de France qu'on vient me redemander demain, et que je n'ai plus, c'est pour elle, c'est pour lui donner une année de richesse et de bonheur, pour la voir, une fois dans ma vie, entourée de plaisirs et de fêtes, que j'ai tout dissipé. Sais-tu maintenant ce que tu as fait ?

CORDIANI, pleurant.

André ! André !

SCÈNE III.

ANDRÉ.

Est-ce sur moi ou sur toi que tu pleures? J'ai une faveur à te demander : grâce à Dieu, j'ai vu la foudre tomber sur mon édifice de vingt ans, sans en proférer une plainte et sans pousser un cri ; si le déshonneur était public, ou je t'aurais tué, ou nous irions nous battre demain ; pour prix du bonheur, le monde accorde la vengeance, et le droit de se servir de cela... (*montrant son stylet*) doit tout remplacer pour celui qui a tout perdu ; voilà la justice des hommes ; encore n'est-il pas sûr, si tu mourais de ma main, que ce ne fût pas toi que l'on plaindrait.

CORDIANI, se levant.

Que veux-tu de moi?

ANDRÉ.

Si tu as compris ma pensée, tu sais que je n'ai vu ici ni un crime odieux, ni une sainte amitié foulée aux pieds... l'homme a qui je parle n'a pas de nom pour moi. Je parle au meurtrier de mon honneur, de mon amour et de mon repos. La blessure qu'il m'a faite peut-elle être guérie? Une séparation éternelle, un silence de mort, car il doit songer que sa mort a dépendu de moi... de nouveaux efforts de ma part, une nouvelle tentative enfin de ressaisir la vie, peuvent-ils encore me réussir? En un mot, qu'il parte ; qu'il soit rayé pour moi du livre de vie ; qu'une liaison coupable et qui n'a pu exister sans remords, soit rompue à jamais ; que le souvenir s'en efface lentement, dans un an, dans deux ans peut-être, et qu'alors moi, André, je revienne, comme un laboureur ruiné par le tonnerre, rebâtir ma cabane détruite sur mon champ dévasté!

CORDIANI.

O mon Dieu! mon Dieu!

ANDRÉ.

Cela t'étonne, n'est-ce pas, que j'aie un tel courage? Cela étonnerait aussi le monde, si le monde l'apprenait un jour... Je suis de son avis, un coup d'épée est plus tôt donné... mais le jour où j'aurai la certitude que mon bonheur est à jamais détruit, je mourrai, n'importe comment; jusque-là, j'accomplirai ma tâche. Je suis fait à la patience. Pour me faire aimer de cette femme, j'ai suivi, durant des années, son ombre sur la terre; arrivé au terme de ma carrière, je recommencerai mon ouvrage. Qui sait ce qui peut advenir de la fragilité des femmes? qui sait jusqu'où peut aller leur inconstance, et si dix autres années d'amour et de dévouement sans bornes n'en pourront pas faire autant qu'un jour d'erreur?

CORDIANI.

Quand dois-je partir?

ANDRÉ.

Un cheval est à la grille; je te donne une heure, adieu.

CORDIANI.

Ta main, André, ta main!

ANDRÉ, revenant sur ses pas.

Ma main! à qui ma main? t'ai-je dit une injure? t'ai-je appelé faux ami, traître aux serments les plus sacrés? t'ai-je dit que toi qui me tues, je t'aurais choisi pour me défendre? t'ai-je dit que j'eusse perdu autre chose que l'amour de Lucrèce? t'ai-je parlé de quelqu'autre chagrin? Tu le vois bien, ce n'est pas à Cordiani que j'ai parlé... A qui veux-tu donc que je donne ma main?

(Il fait quelques pas.)

CORDIANI, l'arrêtant.

André! au nom du ciel! ta main!

SCÈNE IV.

ANDRÉ.
Je ne le puis, il y a du sang après la tienne!
(Il rentre dans le pavillon.)

SCÈNE IV.
CORDIANI, MATHURIN, puis DAMIEN.

CORDIANI.
Mathurin!
MATHURIN, arrivant du fond à gauche.
Plaît-il, Excellence?
CORDIANI.
Prends mon manteau, mon épée, et tu les porteras à la grille du jardin.
MATHURIN.
Vous partez, Excellence?
CORDIANI.
Fais ce que je te dis.
DAMIEN, sortant du pavillon.
André m'apprend que tu pars, Cordiani; est-ce pour quelque temps?
CORDIANI.
Je ne sais. (*A Mathurin, au fond.*) Dépêche-toi, Mathurin, dépêche-toi.
MATHURIN.
Cela est fait dans un instant.
(Il sort à gauche.)

DAMIEN.
Maintenant, mon ami, adieu.
CORDIAN.
Adieu! adieu! Si tu vois ce soir .. je veux dire si demain, ou un autre jour...

DAMIEN.
Qui? Que veux-tu dire?
CORDIANI.
Rien! rien! Adieu, Damien! au revoir!
DAMIEN.
Au revoir, adieu.
CORDIANI, à Mathurin qui entre.
Tout est prêt, n'est-ce pas?
MATHURIN.
Oui, Excellence. Vous accompagnerai-je?
CORDIANI.
Certainement, Mathurin.
(Mathurin sort à droite, Cordiani remonte la scène, puis redescend vivement.)
CORDIANI.
Je ne puis partir, Damien.
DAMIEN.
Tu ne pars pas?
CORDIANI.
Non, c'est impossible, vois-tu! Pâles statues, promenades chéries, sombres allées, comment voulez-vous que je parte? O murs que j'ai franchis! terre que j'ai ensanglantée!...
DAMIEN.
Au nom du ciel!...
CORDIANI.
Dis-moi, Damien, où puis-je aller, où puis-je marcher, sans voir la mort sur mon chemin? Te souviens-tu de ce que tu me disais? J'aimais, je ne t'écoutais pas!... Maintenant...
DAMIEN.
Mon ami!...

SCÈNE V.

CORDIANI.

Maintenant la mort est devant mon amour, elle est sous mes pas, elle est dans mon cœur! Et ce portrait que je t'ai montré, cette ombre adorée d'une fatale beauté, n'est plus pour moi que le masque d'un spectre couvert des larmes d'un ami.

DAMIEN.

Où vas-tu?

CORDIANI.

La revoir encore une fois! ne t'effraie pas, je suis en délire... cela n'est rien; écoute, André va venir, entouré de ses amis, et près de lui... en un mot, mon ami... je veux la voir un instant encore... un seul instant!

(Ils sortent au fond à gauche.)

SCÈNE V.

Les domestiques apportent une table dressée à droite.

ANDRÉ, LUCRÈCE *sortant du pavillon.*

ANDRÉ.

Mes amis viennent bien tard. Vous êtes pâle, Lucrèce; cette mort vous a effrayée.

LUCRÈCE.

Lionel et Damien sont cependant ici, je ne sais qui peut les retenir.

ANDRÉ.

Vous ne portez plus de bagues? les vôtres vous déplaisent? ah! je me trompe, en voici une que je ne connaissais pas encore.

ACTE II.

LUCRÈCE.

Cette mort, en vérité, m'a effrayée... je ne puis vous cacher que je suis souffrante.

ANDRÉ.

Montrez-moi cette bague, Lucrèce... est ce un cadeau? est-il permis de l'admirer?

LUCRÈCE donne la bague.

C'est un cadeau de Marguerite, mon amie d'enfance.

ANDRÉ.

C'est singulier, ce n'est pas son chiffre... pourquoi donc? C'est un bijou charmant, mais bien fragile!... Ah! mon Dieu! qu'allez-vous me dire? je l'ai brisé en le prenant.

LUCRÈCE.

Il est brisé? mon anneau brisé?

ANDRÉ.

Que je m'en veux de cette maladresse! Mais, en vérité, le mal est sans ressource.

LUCRÈCE.

N'importe, rendez-le-moi tel qu'il est.

ANDRÉ.

Qu'en voudriez-vous faire? l'orfévre le plus habile n'y pourrait trouver remède.

(Il le jette à terre et l'écrase.)

LUCRÈCE.

Ne l'écrasez pas!... j'y tenais beaucoup.

ANDRÉ.

Eh bien! s'il vous plaît, ramassez-le. — Avons-nous beaucoup de monde? Le diner sera-t-il joyeux?

SCÈNE VI.

LUCRÈCE.

Mais nous aurons notre compagnie habituelle, je suppose, Lionel, Damien et Cordiani.

ANDRÉ.

Cordiani aussi?... Je suis désolé de la mort de Grémio.

LUCRÈCE.

C'était votre père nourricier.

ANDRÉ.

Qu'importe? qu'importe? tous les jours on perd un ami; n'est-ce pas une chose ordinaire que d'entendre dire : Celui-là est mort, celui-là est ruiné? on danse par là-dessus, tout n'est qu'heur et malheur!

SCÈNE VI.

LUCRÈCE, ANDRÉ, LIONEL, DAMIEN, SPINETTE.

ANDRÉ.

Allons, mes bons amis, à table! avez-vous quelque souci? quelque peine de cœur? il s'agit de tout oublier. Hélas! oui, vous en avez, sans doute, tout homme en a sous le soleil.

(Ils s'asseoient.)

LIONEL.

Pourquoi reste-t-il une place vide?

ANDRÉ.

Cordiani est parti pour l'Allemagne.

LUCRÈCE.

Parti!... Cordiani?

ANDRÉ.

Oui, pour l'Allemagne; que Dieu le conduise!

ACTE II.

LUCRÈCE, bas à Damien.

Est-ce vrai, Damien, qu'il est parti?

DAMIEN.

Très vrai.

LIONEL.

Il fait mauvais temps pour voyager.

(Il tonne.)

ANDRÉ.

Allons, mon vieux Lionel, notre jeunesse est là-dedans.

(Montrant les flacons.)

LIONEL.

Parlez pour moi, maître; puisse la vôtre durer longtemps encore pour vos amis et pour le pays!

ANDRÉ.

Jeune ou vieux, que veut dire ce mot? Les cheveux blancs ne font pas la vieillesse, et le cœur de l'homme n'a pas d'âge.

LIONEL.

Renonceriez-vous à vos espérances?

ANDRÉ.

Je crois que ce sont elles qui renoncent à moi. O mon vieil ami! l'espérance est semblable à la fanfare guerrière; elle mène au combat et divinise le danger; tout est si beau, si facile, tant qu'elle retentit au fond du cœur! Mais le jour où sa voix expire, le soldat s'arrête et brise son épée.

DAMIEN.

Qu'avez-vous, madame? vous paraissez souffrir.

LIONEL.

Mais, en effet, quelle pâleur! Nous devrions peut-être nous retirer.

SCÈNE VI.

LUCRÈCE.

Spinette, entre dans ma chambre, ma chère, et prends mon flacon sur ma toilette, tu me l'apporteras.

(Spinette entre dans le pavillon.)

ANDRÉ.

Qu'avez-vous, Lucrèce ? ô ciel ! seriez-vous réellement souffrante ?

(Spinette rentre épouvantée.)

SPINETTE.

Monseigneur !... monseigneur ! un homme est là caché.

ANDRÉ.

Où ?

SPINETTE.

J'étais entrée, il m'a saisi la main comme je passais entre les deux portes.

LIONEL, allant au pavillon.

Voilà la suite de votre faiblesse, maître ; c'est le meurtrier de Grémio ; laissez-moi lui parler.

ANDRÉ.

Lionel, n'entre pas, c'est moi que cela regarde. (*A Lucrèce.*) Est-ce lui, malheureuse ? est-ce lui ?

LUCRÈCE.

O mon Dieu !

(Elle s'évanouit.)

DAMIEN.

André, empêchez-le de voir Cordiani.

ANDRÉ.

Cordiani ! mon déshonneur est-il si public, si bien connu de tout ce qui m'entoure, que je n'aie qu'un mot à dire pour qu'on me réponde par celui-là : Cordiani ! (*criant*) Sors donc, misérable, puisque Damien t'appelle.

ACTE II.

SCÈNE VII.

Les mêmes, CORDIANI.

ANDRÉ.

Messieurs, je vous ai fait sortir tantôt... à présent je vous prie de rester. Emmenez cette femme ! Cet homme est l'assassin de Grémio. C'est pour entrer chez ma femme qu'il l'a tué... Dans quelque état qu'elle se trouve, vous, Damien, vous la conduirez à sa mère, à l'instant même. (*Damien sort avec Lucrèce et Spinette.*) Maintenant, Lionel, tu vas me servir de témoin ; Cordiani prendra celui qu'il voudra ; car tu vois ce qui se passe, mon ami?

LIONEL.

Maître, il faut régler cette affaire et choisir l'heure et le lieu du combat.

ANDRÉ.

L'heure? à l'instant. Le lieu? ici même (*à Cordiani*). Ah ! vous voulez que le déshonneur soit public ! il le sera, monsieur, il le sera. Mais la réparation va l'être de même, et malheur à celui qui la rend nécessaire ! Je vais prendre des épées.

(Il entre dans le pavillon.)

SCÈNE VIII.

LIONEL, CORDIANI.

LIONEL.

N'allez-vous pas, monsieur, chercher un second?

CORDIANI.

Non, monsieur.

SCÈNE IX.

LIONEL.

Ce n'est pas l'usage, et je vous avoue que pour moi j'en suis fâché. Du temps de ma jeunesse, il n'y avait guère d'affaires de cette sorte, sans quatre épées tirées.

CORDIANI.

Ceci n'est pas un duel, monsieur ; André n'aura rien à parer, et le combat ne sera pas long.

LIONEL.

Qu'entends-je ? Voulez-vous faire de lui un assassin ?

CORDIANI.

Je m'étonne qu'il ne revienne pas.

SCÈNE IX.

LIONEL, CORDIANI, ANDRÉ, puis DAMIEN.

ANDRÉ, entrant.

Me voilà.
(Lionel prend les épées des mains d'André; après les avoir mesurées, il en donne une à Cordiani et l'autre à André.)

ANDRÉ.

En garde !

DAMIEN, entrant.

André, je n'ai pu remplir la mission dont tu m'avais chargé. Lucrèce refuse mon escorte... Elle est partie seule à pied, accompagnée de sa suivante.
(Il tonne.)

ANDRÉ.

Dieu du ciel ! quel orage se prépare !...

DAMIEN.

Lionel, je me présente ici comme le second de Cordiani. André ne verra dans cette démarche qu'un devoir qui m'est sacré; je ne tirerai l'épée que si la nécessité m'y oblige.

CORDIANI.

Merci, Damien, merci.

LIONEL.

Êtes-vous prêts?

ANDRÉ.

Je le suis.

CORDIANI.

Je le suis.

(Ils se battent, Cordiani est blessé.)

DAMIEN.

Cordiani est blessé.

ANDRÉ, se jetant sur lui.

Tu es blessé, mon ami?

LIONEL, le retenant.

Retirez-vous, nous nous chargeons du reste.

CORDIANI.

Ma blessure est légère, je puis encore tenir mon épée.

LIONEL.

Non, monsieur, vous allez souffrir beaucoup plus dans un instant. L'épée a pénétré; si vous pouvez marcher, venez avec nous.

CORDIANI.

Vous avez raison ; viens-tu, Damien? donne-moi ton bras, je me sens bien faible. Vous me laisserez chez Manfredi.

ANDRÉ, bas à Lionel.

La crois-tu mortelle ?

LIONEL.

Je ne réponds de rien.

(Ils sortent à droite.)

SCÈNE X.

ANDRÉ seul.

Pourquoi me laissent-ils? il faut que j'aille avec eux... Où veulent-ils que j'aille? (*Il fait quelques pas vers la maison.*) Il ne s'est pas défendu ; je n'ai pas senti son épée... il a reçu le coup, cela est clair ; il va mourir chez Manfredi, c'est singulier, je me suis pourtant déjà battu... (*Il tonne.*) Lucrèce partie!... Est-ce que je n'entends pas marcher là dedans?... (*Il va du côté des arbres.*) Non, personne, il va mourir... Lucrèce seule avec sa suivante! Eh, bien! quoi? je suis trompé par cette femme, je me bats avec son amant... je le blesse, me voilà vengé... tout est dit. Ah! cette maison déserte! cela est affreux! Quand je pense à ce qu'elle était hier au soir! à ce que j'avais, à ce que j'ai perdu!... Qu'est-ce donc que la vengeance? Quoi! voilà tout? et rester seul ainsi? à qui cela rend-il la vie de faire mourir un meurtrier? Quoi? répondez. Qu'avais-je affaire de chasser cette femme, d'égorger cet homme? Je me soucie bien de vos lois d'honneur! cela me console bien, que vous ayez inventé cela, que vous l'ayez réglé comme une cérémonie! Où sont mes dix années de bonheur, ma femme, mon ami, le soleil de mes jours, le repos de mes nuits? Voilà ce qui me reste. (*Il regarde son épée.*) Que me veux-tu, toi? on t'appelle l'amie des offensés... il n'y a point ici d'homme offensé... il n'y a qu'un malheureux... que l'eau du ciel essuie ton sang!... (*Il la jette.*) Ah! cette affreuse maison! mon Dieu! mon Dieu! je n'y rentrerai jamais!

(Il pleure à chaudes larmes; quatre hommes passent derrière la grille, portant une bière; Césario suit le convoi.)

ANDRÉ.

Qui cela?

SCÈNE XI.

ANDRÉ, CÉSARIO.

CÉSARIO, s'agenouillant.

Nicolas Grémio.

ANDRÉ, s'agenouillant aussi.

Et toi aussi, mon pauvre vieux, et toi aussi tu m'abandonnes!...

CÉSARIO se lève et s'approche d'André.

Moi, maître, je ne vous abandonnerai pas.

ANDRÉ.

C'est toi, mon enfant?

CÉSARIO.

Oui, maître, je vous avais quitté; j'étais allé chez Pontormo; j'y allais chercher la gaieté, et je l'y ai bien trouvée en effet; mais je ne m'en suis senti que plus triste.

ANDRÉ.

C'est le malheur que tu trouveras ici.

CÉSARIO.

Il pèse moins que l'ingratitude.

SCÈNE XII.

ANDRÉ.

Donne-moi ta main ; merci, mon enfant. Va, entre là ; car, pour moi, jamais...

(Il va pour sortir.)

SCÈNE XII.

ANDRÉ, CÉSARIO, LIONEL.

LIONEL, entrant.

Où allez-vous, André ?

ANDRÉ.

Je vais voir la mère de ma femme.

LIONEL.

Elle n'est pas à Florence.

ANDRÉ.

Ah ! où est donc Lucrèce, en ce cas ?

LIONEL.

Je ne sais, mais ce dont je suis certain, c'est que monna Flora est absente.

ANDRÉ.

Comment le savez-vous, et par quel hasard êtes-vous là ?

LIONEL.

Je revenais de chez Manfredi, où j'ai laissé Cordiani ; en passant j'ai rencontré Césario, et nous avons voulu savoir...

ANDRÉ.

Cordiani se meurt, n'est-il pas vrai ?

CÉSARIO.

Non, maître, on espère le sauver.

ANDRÉ.

Laissez-moi.

(Fausse sortie.)

LIONEL.

Qu'allez-vous faire, mon ami? Si votre femme se respecte assez peu pour revoir l'auteur d'un crime...

ANDRÉ.

Que veux-tu que je fasse? Oui, oui, je les tuerais tous les deux! Ah! ma raison est égarée; je vois ce qui n'est pas... je ne sais même...

LIONEL.

Que dis-tu?

ANDRÉ.

Rien ; je croyais l'avoir perdu. Ils sont ensemble, n'est-ce pas?

LIONEL.

Au nom du Ciel, fiez-vous à moi... Votre honneur m'est aussi cher que le mien. Toute violence en cette occasion serait de la cruauté. Votre ennemi expire, que voulez-vous de plus?

ANDRÉ.

Il faut que j'écrive à Lucrèce.

(Il s'assied près de la table.)

LIONEL.

Que pouvez-vous lui dire? (*A part.*) Ah! malheureux! Dieu veuille que sa raison affaiblie ne l'abandonne pas tout à fait.

ANDRÉ, écrivant sur ses tablettes et déchirant la feuille.

Tiens, Césario, je t'en conjure, va trouver Lucrèce, de-

SCÈNE XII.

mande une réponse à ma lettre, et sois revenu tout à l'heure... Mais, pourquoi pas nous-mêmes, Lionel?

(Césario sort.)

ANDRÉ.

Mon ami!...

ANDRÉ.

Quoi, plus rien?... tout devant moi se change donc en désert? O solitude! solitude! que ferai-je de ces mains-là?

LIONEL.

Eh! que demandez-vous dans cette fatale lettre?

ANDRÉ se lève

Ce que je demande... O comble de misère!... je supplie, Lionel, lorsque je devrais punir... Ne me juge pas, mon ami, comme tu pourrais faire un autre homme... Je suis un homme sans caractère, vois-tu, j'étais né pour vivre tranquille.

LIONEL, à part.

Sa douleur me confond malgré moi.

ANDRÉ.

Elle ne répondra pas! Comment en suis-je venu là? sais-tu ce que je lui demande? Ah! la lâcheté elle-même en rougirait, Lionel! Je lui demande de revenir à moi.

LIONEL.

Est-ce possible?

ANDRÉ.

Oui, oui, je sais tout cela, j'ai fait un éclat; eh bien! dis-moi, qu'y ai-je gagné? Je me suis conduit comme tu l'as voulu... Eh bien! je suis le plus malheureux des hommes. Je l'aime! je l'aime plus que jamais!

ACTE II.

LIONEL.

Calme-toi.

ANDRÉ.

C'est singulier, je n'ai jamais éprouvé cela... Il m'a semblé qu'un coup me frappait... Tout se détache de moi... Il m'a semblé que Lucrèce partait.

LIONEL.

Que Lucrèce partait?.

ANDRÉ.

Oui, je suis sûr que Lucrèce part sans me répondre.

LIONEL.

Comment cela?

ANDRÉ.

J'en suis sûr!... Je viens de la voir.

LIONEL.

Cela est étrange.

SCÈNE XIII.

LIONEL, ANDRÉ, CÉSARIO.

ANDRÉ.

Tiens, voilà Césario!... Eh bien?

CÉSARIO.

Madame Lucrèce a quitté Florence.

ANDRÉ.

Et Cordiani?

CÉSARIO.

Je ne sais.

SCÈNE XIV.

ANDRÉ.

Vois-tu, Lionel? ils sont partis ensemble.

LIONEL.

Où vas-tu?

SCÈNE XIV.

LIONEL, DAMIEN, ANDRÉ, MATHURIN.

DAMIEN.

André!

ANDRÉ.

Ah! tu as raison, la terre se dérobe...

LIONEL, à Damien

Cette journée l'a tué! il n'a pu supporter son malheur.

ANDRÉ.

Ils sont partis ensemble? Je me sens bien faible... (*Il fait quelques pas et chancelle; Damien et Lionel s'approchent pour le soutenir*). Ne vous inquiétez pas... Je ne les poursuivrai point... Mes forces m'ont abandonné... Et aussi bien qu'ai-je à faire dans ce monde? O lumière du soleil! ô belle nature! ils s'aiment, ils sont heureux! Comme ils courent joyeux dans la plaine! leurs chevaux s'animent, et le vent qui passe emporte leurs baisers... La patrie! la patrie!... Ils n'en ont point, ceux qui parlent ensemble!

LIONEL.

Sa main est froide comme le marbre.

ANDRÉ, à Mathurin.

Écoute-moi, Mathurin, écoute-moi, et rappelle-toi mes paroles : Tu vas prendre un cheval et le lancer au galop. Retiens ce que je te dis ; ne me fais pas répéter deux fois, je ne le pourrais pas ; tu les rejoindras dans la plaine, tu les aborderas, Mathurin, et tu leur diras : Pourquoi fuyez-vous si vite ? la veuve d'André del Sarto peut épouser Cordiani.

MATHURIN.

Faut-il dire cela, monseigneur ?

ANDRÉ.

Va, va, ne me fais pas répéter.

(Mathurin sort.)

LIONEL.

Qu'as-tu dit à cet homme ? (*Bas à Damien.*) Est-ce que vraiment Cordiani...

DAMIEN, de même.

Cordiani n'est plus.

ANDRÉ.

Maintenant, qu'on m'apporte ma coupe, pleine d'un vin généreux. Menez-moi jusqu'à cette porte, mes amis. (*Prenant la coupe*). C'était celle des joyeux repas. (*Il verse à l'écart un flacon dans la coupe et boit.*) A la mort des arts en Italie !

LIONEL.

Quel est ce flacon dont tu as versé quelques gouttes?...

ANDRÉ.

C'est un cordial puissant. Approche-le de tes lèvres, et tu seras guéri, quel que soit le mal dont tu souffres. Vos mains, et adieu, chers amis... Oh! combien je l'aimais !

(Il meurt.)

FIN DU DEUXIÈME ET DERNIER ACTE.

Paris. — Imp. de G. GRATIOT, rue de la Monnaie, 1 r.

OEUVRES
D'ALFRED DE MUSSET

FAISANT PARTIE

DE LA BIBLIOTHÈQUE CHARPENTIER

Six beaux volumes à 3 fr. 50 c. chacun

Qui se vendent séparément comme suit :

	Fr. c.
POÉSIES COMPLÈTES (1829 à 1840). 1 vol.	3 50
POÉSIES NOUVELLES (1840 à 1849). 1 vol.	3 50
COMÉDIES ET PROVERBES. 1 vol.	3 50
CONFESSION D'UN ENFANT DU SIÈCLE. 1 vol.	3 50
NOUVELLES EN PROSE. 1 vol.	3 50
CONTES EN PROSE. 1 vol.	3 50

Pièces du même Auteur qui se vendent séparément :

Un Caprice, comédie en 1 acte, en prose.	1 »
Il faut qu'une porte soit ouverte ou fermée.	1 »
Le Chandelier, comédie en 3 actes, en prose.	1 »
Il ne faut jurer de rien, comédie en 3 actes.	1 »
Louison, comédie en 2 actes, en vers.	1 »
Bettine, comédie en 1 acte.	1 »
Les Caprices de Marianne, en 2 actes.	1 »

NOTA. Pour les ouvrages qui composent la bibliothèque Charpentier, voir le catalogue général.

Imprimerie de G. Gratiot.

www.ingramcontent.com/pod-product-compliance
Lightning Source LLC
LaVergne TN
LVHW022125080426
835511LV00007B/1030